Lutz Finkler

Die Hüter der Monarchen

LUTZ FINKLER

DIE HÜTER DER MONARCHEN

SHORT STORIES UND GEDICHTE

© Verlag BoD - Books on Demand, Norderstedt 2018
Umschlagabbildung: Lutz Finkler
Lektorat: Dorit Gühne, Dresden
Herstellung und Verlag:
BoD - Books on Demand, Norderstedt
ISBN: 9783748112594
www.bod.de

Xaver Oehl

Xaver Oehl wurde, wie wir inzwischen mit an Wahrscheinlichkeit grenzender Sicherheit behaupten können, 1659 im damals etwas provinziellen Halle an der Saale geboren, gleich Georg Friedrich Händel 26 Jahre später. Was wir heute von der Zeit, in der er lebte, noch wissen, vermittelt durch einschlägige Bücher und Geschichten, also: Barock, Absolutismus, Goerikes Unterdruck, Bach, Leibniz, Pascal und Descartes. Ruysdael, der Lieferant einer Ersatzsprache in Holland, bereits älter werdend, Voltaire kaum geboren... was wir davon heute noch wissen - von alldem hörte er SEIN LEBTAG NICHT. Wahrscheinlich hätte er auch von Historie schaffenden Erscheinungen nichts gehört, wenn er in einer für uns interessanteren Epoche gelebt hätte, etwa hundert Jahre später in Paris, als der aus dem elsässischen Gewurzwiller stammende Xavier Oellerman. Oder in Boston. Nein, das ist alles müßig, er bekam wie du und ich nur Druckwellen und Hitzegrade zu spüren. Wahrscheinlich wurde ihm um 1670 gesagt, dass Grünkohl am besten schmeckt, wenn er den ersten Frost abgekriegt hat, und dass im fernen Africa die Sonne immer scheint. Hätte er ein gebildetes Elternhaus gehabt oder wenigstens eines mit abstrakten Kontakten zu irgendwelchen Bildungsträgern, wäre er womöglich wie Händel hinter einem

Fuhrwerk hergelaufen, das dessen Vater zum Weißenfelsischen Hof brachte. Hätte er ein gebildetes Elternhaus in Paris gehabt, hätte er spätestens 1680 gehört, dass der Mensch Herr über die Natur sei. Er hätte überlegt, ob er seinen Hund zu geometrischen Formen kneten sollte, hätte es aber unterlassen, nicht, weil er Tiere besonders gern gemocht hätte, sondern weil etwas ihn mehr interessierte: herauszufinden, warum sich die kleinen Tiere in den Büchern, die man gemeinhin Buchstaben nannte, immer tot stellten.

Es tauchen hier zwei Fragen auf, einmal: was geschah, dass ein heutiger Schreiber überhaupt über Oehl berichten kann, und zweitens: warum sollte er? Wie kann dieser Mann quellenpotent geworden sein, wird er doch nicht einmal in einem Stammbaum erwähnt? Einmal schreibt er zwar über Vorfahren aus dem Harz, Kriminelle, der Harz ein Verbannungsort wie 700 Jahre später Australien... womit hier schon gesagt ist, woher die Fakten betr. Oehl stammen - von ihm selbst! Er war also kein Analphabet, und diese Besonderheit verband sich mit einer zweiten, die schon fast Fügung genannt werden kann. Ein Hobby-Archäograf, sonst Zahnarzt, fand Papiere in einer seit über hundert Jahren unberührten Schatulle in dem Stall eines sächsischen Bauernhauses ("Guggesemodohintn"). Mir erzählte er davon während einer Probe okzitanischen Weines auf einem Treffen der "Gesellschaft für alternative Geschichte". Ich hatte vorher bereits Beaujolais, Jever und Sauren Fritz getrunken. Ich interessierte mich für alles. So fiel der Name Xaver Oehl.

Fast wäre der Faden verloren gegangen, denn der Rausch, den die alternative Geschichte mit sich bringt, ließ den Zahnarzt zwischendurch auch noch erzählen, dass schon 1973 auf dem Alexanderplatz Frauen mit grünen Haaren herumgelaufen seien- unerwartete Nebenwirkung eines Haarfärbemittels...

Was aber macht Oehl würdig, heute erwähnt zu werden? Bei aller aktuellen Dankbarkeit für Erlebnisaufsätze unserer Vorfahren aus der Provinz - handelt es sich nicht um diesen Konservierungsdrang, der Ersatz ist für eigenes Leben? Was hebt Oehl hervor? Doch nicht die Beschreibung, wie einer einen Karren voll undefinierbarem Zeugs einen Berg hinaufzieht, in Sch(w)eiß gebadet...

Also. Xaver Oehl hat 1723 die Geburt von Kant vorausgesagt!!

Und 1724 wurde jener, wie wir wissen, tatsächlich geboren! Im Todesjahr Oehls, 1730 in Halle, war Kant im entfernten Königsberg gerade sechs Jahre alt, hatte als einzig guten Willen die Ostsee vor Augen, und war wahrhaftig kein Mozart, der in solchem Alter schon Stadtgrenzen sprengte. Oehl hat ihn nie gesehen. Er schaffte es nicht einmal, den Leuten, denen er es wieder und wieder erzählte, als wahnsinnig zu gelten. Das tiefste aller Schicksale. Und hätte drei Straßenzüge weiter in Halle wirklich ein offenes Ohr gewohnt - wie wäre es zum Zuhören gelangt? Und hätte zwei Straßenzüge weiter ein Kundiger der amerikanischen Sprache sein Haus gehabt und hätte sagen können: "CUNT- das ist aber ein sehr schmutziges Wort" - kein Kennenlernen wäre möglich gewesen.

Nun, es gibt etwa eine Million Wörter. Bildet man aber nur einen Satz, sagen wir mal, aus acht Wörtern, so liegt die Chance, dass es einen Sinn ergibt, bei ein Prozent. Und Sätze, die eine regelrechte Durchschlagskraft haben - ein Promille. Das ist nicht viel. Wesentlich leichter aber lassen sich Sätze mit Scheininhalt bilden, denen der Sinn posthum adjustiert wird. Fünf Prozent! Sagt man: "Das Wort Tuulikki ist unästhetisch", dann wird man schief angeguckt, wegen der Promille. Sagt man aber: "Wir müssen in die Zukunft schauen, nicht in die Vergangenheit", acht Wörter, dann meint man wahrscheinlich 1758, ein Datum, das Oehl fesselte, wusste er doch, dass er 99 nicht erreichen kann, und der Tod hält noch einen jeden in Schach, seiner trat ein, als er auch die Geburt von Norbert

Blüm noch voraussagte, das war zu viel, notwendiger Überdruss geleitet uns ins Jenseits ...

Fenster zum Hof

Er wachte seit einigen Monaten immer morgens um halb acht auf, wenn im Hof eine Kreissäge klar machte, dass in der Welt bereits wieder etwas los war. Erst wurde nur der Motor angestellt, ein feines, teilnahmsloses Summen. Das reichte ihm aber schon, um jede Vorstellung eines irgendwie besser gearteten Daseins loszulassen. Das Instrument bekam sein erstes Metallopfer, eine Vorstellung anscheinend nur für ihn. In den Pausen waren Klospülungen zu hören. Alle schienen gleichzeitig die Toilette zu benutzen. Die

Fallrohre riefen fremdsprachige Kommentare. Eine Polizeisirene: jemand hatte eine halbe Flasche Schnaps über den Kopf gezogen bekommen oder war gegen etwas gekracht. Alle schienen gleichzeitig gegen etwas zu krachen. Stimmen im Treppenhaus. Die Mülltonnen.

Zeit für den Ölwechsel: die übervolle Blase entleeren und dann schnell wieder ins Bett, ehe einem schwindelig wurde. Ein Aspirin und eine Flasche Mineralwasser. Dann das Kissen über den Kopf, so dass nur die Nase frei blieb.

Wieder einschlafen war schwierig. Sich gehen lassen, ein nicht messbares Rütteln an der Zweckwelt, das musste erst einmal erreicht werden.

Gelang das Einschlafen, so gab es häufig Träume, in denen er als Sieger oder als Genießender lebte, zum Beispiel auf einem Plateau über einer südlichen, sonnengetränkten Stadt. Oder er schloss hochdotierte Verträge ab, die etwa besagten, dass er auf einem Deich an der Nordsee einem ausgewählten Publikum den irischen Expressionismus in der Malerei nahe bringen sollte. Oft fielen Ortsnamen.

Gelang das Einschlafen bis acht Uhr nicht, las er, nach einem kurzen Anfall von Panik, in einem Roman. Er schaffte zehn Seiten, wenn es um Sex oder Saufen ging, zwei, wenn beschrieben wurde, wie ein Schiff in einen Hafen einläuft, eine halbe, wenn ein Gedicht eingefügt war. Irgendwann war er ruhig, wie die Romanfigur eines immer im Bett Liegenden, der sich vom Blödsinn der Welt ausruhen muss.

Um zwölf Uhr mittags erwachte er mit einem Wohlgefühl, das es schwierig machte, die Augen offen zu halten. Er schob unter das Kissen ein zweites - das hatte ansonsten jede weitere Funktion verloren -, damit er sich daran gewöhnen konnte, demnächst einmal als homo erectus zu existieren.

Er stand auf und räumte die leeren Bierflaschen weg, die im hinteren Zimmer wie die Pfeiler eines Kathedralinnenraums von der Spiritualität der vergangenen Nacht kündeten. Glättete sich notdürftig mit Wasser die Relativität seiner Haare, um für das Heruntergehen zum Briefkasten gerüstet zu sein. Wahrscheinlich wieder nur Reklame-Wurfsendungen.

Er benutzte seine Mobildusche, deren Abwasserschlauch in den Lokus gehängt wurde, und sah sich dann, nunmehr innerlich und äußerlich sauber, am frühen Nachmittag einer weiteren kritischen

16

Situation gegenüber.

Es herrschte eine indifferente Tageszeit, jener Moment, in dem der Handwerker erstmals an den Feierabend denkt.

Der Abwasch war gemacht, kein Arzttermin stand an, kein Einkauf, nichts. Selbst übrig gebliebene Feuilletonartikel aus der soeben beendeten Zeitung gab es heute nicht. Bis zur Fußballsendung waren es noch drei Stunden.

Natürlich hatten obdachlose Kinder in den Straßen von Sao Paolo einen anderen Bezug zum Tagesgeschehen. Wer handeln muss, kann nicht nachdenken.

Er sah durch das Fenster in den Hof hinunter. Er blickte auf ein Areal mit kleineren Gewerbegebäuden. Zwei große kahle Bäume, Tauben, Möwen, weiter oben Flugzeuge. Parkende oder gerade rangierende Autos, Lieferwagen, Leute in

Arbeitskleidung, Leute mit Schlips. Ein Aufzug schaffte Lasten in die verschiedenen Geschosse eines Lagerhauses. Seit der Beschäftigung mit Eiffel interessierten ihn ohnehin Aufzüge,- Lissabon!

Zwei etwa dreißigjährige Porschefahrer mussten sich arrangieren wegen einer Einstellmöglichkeit. Misstrauisch beäugten sie sich, während sie ein paar unumgehbare Worte wechselten. Er konnte diese zwar nicht hören, doch der Hintergrund war ihm klar: der eine Porsche war mindestens dreißigtausend Mark teurer als der andere. Auf einem der Boliden prangte ein Yin-Yang-Aufkleber. Der Besitzer wollte dem Elend in der Welt sein Auto entgegensetzen.

In einer ehemaligen Druckerei im Hof hatte sich seit geraumer Zeit ein rätselhaftes Volk niedergelassen. Sie kamen immer abends, großteils junge Leute. Das Licht ging an, ein paar rannten geschäftig hin und her hinter den Scheiben. Dann setzten sich alle auf Stühle, und ein Redner trat auf. Jeden Abend. Manchmal stand der Rhetor dort unten bis zu zwei Stunden und schwang die Arme. Das Publikum saß still. Keiner stand zwischendurch auf. Was lief da ab? Wer hört denn heute zwei Stunden lang zu? Nicht einmal Bilder wurden gezeigt. Das Wort gewaltiger als das Bild ? Das passt nicht in unsere Zeit, dachte er, das hat ja noch nicht einmal zu Luthers Zeiten geklappt. Ein Anachronismus das da unten. Es musste etwas Zwanghaftes sein.

Doch kamen diese jungen Leute jeden Abend wieder, mit teuren Autos, die sie im Hof parkten. Er sah eine Reihe schöner Frauen in schönen Kleidern.

Ob sie ihn auch, erleuchtet von seiner Schreibtischlampe, hier oben sitzen sahen?

Der Abstand war ja der gleiche.

Nein, niemals, denn es wurde den Worten gelauscht, Worten, die er nicht hören konnte.

Jemand nahm eine Gitarre zur Hand. Etwas Rituelles also. Natürlich ! Nur Ritus ist imstande, jemanden so lange still sitzen zu lassen. Klampfe: also etwas Pädagogisches ? Aber Latzhosen hatte niemand an. Benahmen sich wie auf einem diplomatischen Empfang, und das in dieser Garage. Einmal nachts hatte er ein kurzes Fauchen gehört, mitten in die Stille hinein.

Ein roter Schein fiel auf seine Zimmerwand. Er entriss sich dem Halbschlaf und ging ans Fenster.

Hinter einigen Fenstern ging Licht an.

Die Feuerwehr war schnell da im Hof. Keine Sirene, keine Hilfeschreie wie noch vorhin aus einem Fernseher.

Ein Feuerwehrmann zog ein Moped unter einer brennenden Plane hervor, damit der Tank nicht explodierte.

Die Mannschaft zog wieder ab.

Bei Tag standen im Hof Leute und schauten.

Manchmal deutete einer auf etwas. Der neu gestrichene Teil einer Hauswand war von Rauchmustern gezeichnet.

Ein Junge berührte mit zwei Fingern das verkohlte Moped.

An einem Sonntagnachmittag kam noch einmal der Mann, den er schon in der Menschengruppe als Besitzer des ehemaligen Gefährts ausgemacht hatte, und starrte still auf den alten Ort. Dann fuhr er weg, mit einem neuen Moped.

Der Hof war nun leer. Da kam eine Frau mit einem Pudel.

Der lief ein paar Mal hin und her, dann hockte er sich hin zum Kacken.

Die Frau fegte das Geschäft auf ein Kehrblech und ging damit weg.

Der Pudel sah ihr nach und kackte noch einmal.

Am ersten Januar morgens waren das einzige, das sich bewegte, ein paar Möwen.

Tiere müssen bei jedem Scheißwetter raus, dachte er.

Palmsonntag

Harry Bodmar musste im Flughafenge-
bäude zwei Stunden auf sein Gepäck war-
ten. Er blieb aber gelassen, passte es doch
zu dem Bild, das er von dieser Stadt hatte,
erworben durch Lektüre der stimmungs-
vollen kleinen Geschichten aus dem Me-
rianheft.
Diejenigen, die noch weiter wollten, zu
den Caprifischern, schimpften dagegen
laut. Auch wartende Einheimische liefen
schimpfend herum.
Vielleicht schimpfen sie immer.

In dem kleinen Hotelzimmer zum Hof legte er sich aufs Bett, zog die grobe Überdecke heran und war überzeugt, sofort krank zu werden. Eine Ewigkeit verharrte er regungslos im Schein der Nachttischlampe. Er hörte auf das Gegurre und Geflattere der Tauben, auf Gesänge und auf schneidende Pfeifgeräusche von Klospülungen. Später verschwanden allmählich die Kinderstimmen, aber schon seit einer Stunde schien jemand auf Fleischstücken herumzuklopfen.

Der rote Landwein aus der Flasche neben dem Bett wirkte auf ihn, den gelernten Trinker, ungewohnt intensiv. Er war überzeugt davon, dass diese Stadt etwas Magisches hatte in jedem ihrer Teile, in ihren Grotten unter der Erde, in den gemauerten Bögen in Häuserwänden. Diese uralte Stadt in einer von Göttern erwählten Lage. Nicht im Ansatz würde er diesen Kosmos ergründen. Doch es machte ihm nichts aus. Die Existenz eines verrätselten Universums reizte ihn und erinnerte ihn an sich selbst.

Durch eine Tür abgetrennt war das kleine, fensterlose Bad. Man konnte eine hölzerne Klappe aufmachen, dann schaute man in eine Röhre, die durch die Mauer nach draußen führte und die Entlüftung besorgte. Zwei kleine Zweige lagen darin. Als er später erneut zum Pinkeln hereinkam, lagen die Zweige in der Kloschüssel. Schien zu funktionieren, das mit dem Luftzug. Er ließ die Klappe offen, damit weiterhin Luft ziehen konnte.

Von einer Tonkonserve hörte er von irgendwoher eine Altstimme. Das Fleischklopfen hatte aufgehört. Jetzt schienen hölzerne Gegenstände umhergerückt zu werden. Ob Goethe in Neapel von einer Delegation empfangen worden war? Er nahm sich vor, später mal nachzulesen.

Der Lärm setzte sich fort im Traum. Geister riefen, lauter und lauter, in anscheinend festliegenden Intervallen. Lasst mich, rief er, ich bin so müde, so hundemüde. Ich brauche Dunkelheit und Ruhe. Hört auf, mich zu beteiligen. Nicht mal ein Zweig soll in die Kloschüssel fallen!

Eine Taube hatte sich durch die Röhre gezwängt und schien nicht wieder hinaus zu können. Obwohl doch durch die Röhre das einzige Licht, inzwischen das Tageslicht, fallen musste. Die Taube flatterte und gurrte in einer widerlichen Lautstärke, stieß gegen etwas, und Bodmar lag im Bett, müde, und malte sich aus, wie nebenan die Federn umherflogen. Er zitterte vor Ekel bei der Vorstellung, dass beim Öffnen der Tür dieser Bazillenträger ihm ins Gesicht fliegen könnte, wobei gleich mehrere Federn in seinem Rachen stecken blieben.

Er hörte einen Staubsauger und holte, flüchtig angezogen und mit bergigen Haaren, das Zimmermädchen herein. Dieses öffnete die Badezimmertür, dann das Fenster, und jagte den Vogel lachend hinaus. Paloma! Das Bad war vollgeschissen wie erwartet. Federn lagen herum. Gekotzt hatte das Vieh auch noch.

Frühstück gäbe es nur bis um zehn, und jetzt sei es elf. Uhr umstellen auf Sommerzeit.

Bodmar überlegte lange, was er anziehen sollte. An diesem Ort galt es, Unauffälligkeit zu verkörpern, ja, besser noch Unbeteiligtheit. Ein Wort, das von Heidegger stammen könnte. Gut sich zu kleiden schien ihm das Richtige zu sein, außerdem war Sonntag.

Überall Gruppen von Jugendlichen an Straßenkreuzungen, in Jeans, Blousons, Baseballkappen und Adidasschuhen - wie überall außerhalb Afghanistans. Sie ließen ihn durch. Auf ihn geschaut wurde nur, wenn er einmal stehen blieb, doch das tat er so gut wie nie. Er lief und lief, Kilometer für Kilometer in seinen teuren Flechtschuhen, auf dem Straßenbelag, der aus dunklem, behauenem Vulkangestein bestand.

Nicht im Ansatz würde er hier etwas ergründen, und es war ihm recht. Er dachte mit Schaudern an diesen Zwangscharakter, als den Walter Benjamin den Flaneur des 19. Jahrhunderts beschrieben hatte. Tausende sich noch bewegende Muscheln in riesigen, mit Wasser gefüllten Schalen unter Arkaden – muss man sie etwa einzeln unter die Lupe nehmen, um sich gegen die Zeit zu stemmen? Er sagte sich, dass das Rot und das Gelb des Putzes an einigen der Häuser ihn entschädigten für die unbekannt bleibenden restlichen Putzgeschichten dieser Stadt.

Die Mädchen, nein: ab der Pubertät gab es hier ja nur Signoras - alle in engen hellbraunen Hosen. Merkten sofort, wenn sie angesehen wurden. Alle hatten einen Zweig in der Hand, einen Palmzweig, an diesem Palmsonntag.

In der "Nil"-Kirche sah er ein Retabel von Michelozzo, das aber auch nur, weil eine Frau mit Palmzweig zu einer anderen sagte, das sei von Michelozzo.

Wo im Merianheft das menschliche

Urgestein dieser Stadt ausgemacht worden war, fanden sich Andenkenläden und davor redende Menschen mit Palmzweigen. Langsam müssten sie ihn doch kennen, so oft, wie er jetzt schon überall durchgelaufen war. Er blieb nur stehen, wenn er den sich durch die Gassen zwängenden Autos ausweichen musste. Ein unfreundlicher Mann versperrte ihm den Weg zur Majolikakapelle und sagte: Chiuso, mister.

Er ging zurück und weiter in einem dumpfen Tagtraum, die Unterschenkel schmerzten, seine Bewegungen wurden mechanischer.

In einem Restaurant, angeheitert vom Wein, dichtete er:

DER KELLNER WIRD GEBRAUCHT
ER IST AUCH HIER ZU HAUS

IN TOMATENSAUCE SCHWIMMT ER WIE EIN RETTUNGSSCHWIMMER

Tut mir leid. Frühstück gibt es nur bis neun. Maximal bis neun.

Die Galleria Umberto war von Rauchschwaden erfüllt. Am Ausgang eine Menschenmenge, die auf ein brennendes Auto sah. Sekunden später kam die Feuerwehr, und Harry Bodmar ärgerte sich, nicht schnell vorher ein Foto gemacht zu haben. Heute hatte er endlich seine Kamera dabei. Das Foto eines brennenden Autos, das wäre es doch gewesen. Er entfernte sich aus der Menge der Schaulustigen.

Die Hüter der Monarchen

It must be a holiday
there's nobody around
Bob Dylan

In einem Veranstaltungsheftchen, das
im Foyer meines kleinen Hotels auslag,
hatte ich gelesen, dass in einem Kultur-
zentrum der selten gespielte Film "Die
Hüter der Monarchen" gezeigt werden
sollte. Schon immer hatte ich diesen his-
torischen Schwarzweißfilm sehen wollen,
der in der Literatur als Klassiker erwähnt
wurde. Doch niemals war es mir oder

Bekannten gelungen, ihn zu sehen. Weder war er nachts einmal auf kleinen Kabelsendern gelaufen, noch in Programmkinos, in Videotheken war er schon gar nicht zu bekommen. Noch nicht einmal die Liste aller verfügbaren Titel verzeichnete ihn. Dieser offensichtliche Widerspruch hatte mich allerdings nicht allzu sehr beschäftigt. Es gab halt Dinge, denen man nicht auf den Grund gehen wollte, aus Lebensträgheit oder weil genug andere Klassiker vorhanden waren. Nun aber, in dieser fremden östlichen Stadt, sah ich ihn erstmals angekündigt, und ich wollte nichts anderes mehr an diesem frühen Sommernachmittag, als zu dem Spielort zu gelangen.

Eigentlich war ich hierhergekommen, um meinen alten Kumpel und Reisegefährten Yeti aufzusuchen. Das hatte sich jedoch schwieriger als erwartet heraus gestellt, da ich das Haus partout nicht hatte wiederfinden können. Ich beschloss, es über Behörden herauszubekommen. Doch es war Sonntag.

Ich nahm die Straßenbahn 12 Richtung Bankplatz, als einziger, stieg in der Monetastraße aus und ging durch ein Areal von augenscheinlich verlassenen Gewerbegebäuden - keine allzu gute Gegend, dazu menschenleer. Wer hielt sich bei großer Tageshitze auch draußen auf wie ich? Ich gelangte schließlich, wie beschrieben, zu einer Art Sportareal und zu dem "Kulturhaus", das neben einem überwucherten Fußballplatz stand. Es sah eher aus wie eine Mischung aus Turnhalle und Speicher, Beton-Zweckkonstruktion, mit dunkelweißer Farbe einst überstrichen. Es gab auch keinen zentralen Eingang, geschweige denn eine Freitreppe oder so etwas, nur zwei kleine Metalltüren an den Seiten. Die rechte war verschlossen, die offene linke führte in kein Foyer, sondern in ein Treppenhaus. Hier drinnen schien es noch wärmer zu sein als draußen. Im dritten Geschoss endlich gab es eine unverschlossene Tür, die auf einen fensterlosen, aber mit Neonlicht grell beleuchteten Gang führte. Als ich bereits überzeugt war, einem Irrtum aufgesessen zu sein und etwas nicht Erlaubtes zu tun, hörte ich Stimmen. Ich ging um eine Ecke und sah einen Mann mit einer Zigarette vor einem parabolförmigen Zementaschenkübel.

"Gibt es hier ein Kino...mir ist der Weg beschrieben worden, aber ich kann mir gar nicht vorstellen..."

"Doch, doch, hier werden auch Filme

gezeigt.”

“Auf den Weg hätte man ja wohl etwas besser hinweisen können.”

“Da ist was dran, sicher. Kommen Sie mit, ich verkaufe Ihnen eine Karte.”

“Ach Sie sind…äh, und der Film, ist das wirklich ‘Die Hüter der Monarchen’?“

“ War ja angekündigt. Sie sind noch rechtzeitig da.”

Er verschwand mit seiner Zigarette in einem Abstellraum und kam wieder mit einem Ticket.

“Durch diese Tür, bitte.”

Ich öffnete die Tür und sah einen riesigen Saal, dessen Sitzreihen steil abfielen und der nur durch das Licht, das durch die geöffnete Tür eindrang, beleuchtet wurde. Die Größe konnte man eigentlich nur ahnen. Da selbst auf den Gängen schon Massen von Menschen saßen, sah ich keine

Gelegenheit einzutreten. Ich schloss erschrocken die Tür wieder, von außen, auch, um den Lichtstrahl ins Plenum wieder abzubrechen. Im Flur stand noch der Zigarettenrauch, doch von dem Mann gab es keine Spur mehr. Wer sich so schnell verzieht, der hat kein gutes Gewissen, dachte ich und ahnte, dass ich, wie schon so oft in meinem Leben, beschissen worden war. Allerdings hatte er mir das Ticket erstaunlich preisgünstig verkauft. Der Flur folgte, so stellte ich nun fest, in leichter Krümmung dem anscheinend riesigen Saal wie in einem Opernhaus. Bei der prosaischen Außenansicht des Gebäudes hätte man nicht geahnt, was alles sich in ihm verbarg. Wieder unten im Treppenhaus, stellte ich fest, dass die Außentür, durch die ich gekommen war, sich nicht mehr öffnen ließ. Die Bedrückung, die ich schon gehabt hatte beim Betreten des Gebäudes, steigerte sich nun erheblich. Der Wunsch, von hier zu verschwinden, verdrängte denjenigen auf die Beantwortung aller Fragen, die mir offen geblieben waren. Schwitzend stieg ich die Treppen wieder hinauf, nun wild entschlossen, jeden zu stören, der mir einen Ausgang zeigen konnte, nur um zu merken, dass auch die obere Tür inzwischen zu war. Ich schlug eine Zeitlang auf das Metall der Brandschutztür ein, dann setzte ich mich auf die oberste Stufe der Treppe und nahm mir vor, ruhig zu bleiben. Nach einer Weile stand ich auf und ging wieder herunter, um mich erneut auf einer Stufe, diesmal vor dem Ausgang, niederzulassen. Um etwas zu tun, starrte ich auf das grüne Ticket. Auch die Rückseite war bedruckt, allerdings schwer entzifferbar, da so klein geschrieben, dass man eine Lupe gebraucht hätte. Ich las mich aber ein. Es schien eine Art Sinnspruch darauf zu stehen, ähnlich wie bei den Zettelchen, die in chinesische Glückskekse gebacken werden:

"Der Mensch hat dreierlei Wege, klug zu handeln

Erstens durch Nachdenken, zweitens durch deln

Ersten durch Nachdenken, zweitens durch tens durch

Erfahrungen, das ist der bitterste

Konfuzius"

"Können Sie mir mal verraten, was Sie hier zu suchen haben?"

Ich schreckte hoch, musste wohl eingeschlafen sein. Ein Mann, trotz des Sonntags in einem schmierigen Arbeitsoverall, stand breitbeinig vor mir, die Arme in den

Hüften, in der abgeknickten Hand einen Schlüsselbund. Hinter ihm das Tageslicht durch die halb geöffnete Außentür.

"Man hat...ich bin eingesperrt worden", äußerte ich, während ich einen zäh fließenden Bilderbrei aus meinem Kopf kehren musste, "ich wollte nur einen Film sehen."

"Du hast wohl ein Kino im Kopf", schnaubte der Mann, "ich werde wohl Meldung machen müssen."

"Eine Meldung...hören Sie"

"Diese Immobilie ist in Privatbesitz. Das ist doch kein öffentliches Gebäude hier."

"Ich bitte Sie, lassen Sie mich von hier verschwinden. Es ist alles ein Irrtum, ein Versehen."

Ein Grinsen machte sich auf ihm breit: "Ein Irrtum. Für euch Penner ist die ganze Welt ein Irrtum. Also los, hau ab!"

"Danke. Vielen Dank. Sie wissen ja nicht... also, dann."

"Halt!" Das Grinsen war in ihn zurück gefallen.

"Hundert Kronen."

Es musste mittlerweile Abend geworden sein, aber es war noch hell. Eine schmierige Sonne hinter Quellwolken. Ich lief in die Richtung, aus der ich gekommen war, doch gelangte ich auf einen anderen Weg. Ich stapfte über einen niedergetretenen Maschendrahtzaun, dann über verstreut liegende Betonplatten mit Altersflecken, aus denen die rostige Bewehrung ragte. Unkrautsteppe bis an den Horizont, dahinter blinkend der Fernsehturm. Angebunden an einen ausgebrannten Imbisswagen "Chinatown" stand gleichmütig kauend und pissend ein Muli und zuckte mit den Ohren. Unweit einer

Straßenkreuzung ohne angrenzende Bebauung offene Sportwagen, in deren weit nach hinten gestellten Sitzen Leute auf etwas zu warten schienen. Einer in bunten Bermudashorts, die wegen des mächtigen Bauches oben geöffnet waren. Einer in einer violetten Trainingshose aus dem Supermarkt und einem Feinrippunterhemd. Eine dicke Frau, den Oberkörper nur mit einem zeltartigen Büstenhalter bekleidet. Alle sprachen in Mobiltelefone, bis auf einen, der, Mund weit offen, eingeschlafen war.

"Was glotzten so", rief einer in meine Richtung und drehte sich von seinem Telefon weg.

"Ich habe mich verlaufen. Wo geht es in die Stadt?"

"Die Stadt? Das ist doch hier die Stadt, Mann. Und da vorn fährt die 12. Haste keine Augen im Kopf?"

Da fuhr sie tatsächlich gerade weg. Wer wusste, wann sonntags die nächste kam.

"Schaut mal, da kommt sie wieder, unsere Eva", rief die Frau im Büstenhalter, " die hat'n Radio im Kopp."

Eine Frau in einem gelben Sommerkleid führte einen Hund an der Leine, eine Mischung aus Dackel und Schäferhund. An der Straßenecke blieb sie stehen und drehte sich einmal um die eigene Achse, wobei sie die Leine von der einen in die andere Hand gleiten ließ. Dann ging sie zur gegenüber liegenden Ecke und wiederholte den Vorgang, als ob Koordinaten bezeichnet werden müssten. Der Hund schien den Weltrekord im Ausgeführtwerden zu halten und machte den Eindruck. als schnüffele er nur noch pflichtgemäß.

Ich stieg schließlich an einer belebten Straße aus. Es war dunkel geworden. Ein paar Regentropfen waren gefallen, doch das Wetterleuchten und ferner Donner hatten sich bereits wieder gelegt. An einer Imbissbude aß ich einen alten gelblichen Hahn auf einem Stück krummen Weißbrot. Nur Missgeschicke heute! Nun war mir auch noch schlecht. Eigentlich hatte ich die Stadt ja gleich verlassen wollen, aber wohin noch, wenn es schon Abend war?

Die Straße, in der ich stand, wurde gefegt und gesprengt von gleich mehreren Reinigungsfahrzeugen und von einer Gruppe leuchtend grünweiß gekleideter Arbeiter aus fernen Ländern.

Ich beschloss, noch etwas zu trinken und mich dann in mein Hotel zurückfahren zu lassen. Auf dem Barhocker starrte ich auf das Flaschenregal und die Gläseransammlung hinter der Theke. Interesselos verfolgte ich die Bewegungen der Bedienung. Jemand klopfte auf dem Spielautomaten herum. In der Ecke lief ein Fernseher mit der Sendung "Das Filmmuseum", die ein Mann mit Schürze, der aus der Küche kam, wegschaltete für einen Bericht über die Fußballweltmeisterschaft. Eine Hand kam über meine Schulter und warf einen zusammengeknüllten Zettel in den Aschenbecher, der vor mir stand.

"Warum bringt er Maldini nicht", schrie es von hinten, dass mir die Ohren summten.

"Keine Ahnung. Vielleicht ist er krank."

"Sie interessieren sich wohl nicht für Fußball?" Ich drehte mich und erschrak. Am Tisch saß dieser Mensch, der mir das Ticket verkauft hatte, mit Zigarre. Neben ihm redete jemand mit einer verschmierten Arbeitsmontur: "Und jetzt habe ich die ganze Scheiße am Hemd kleben." Ich sprang auf.

"He Sie! Sie haben mich ja wohl hintergangen, vorhin, in diesem Kulturhaus. Wie können Sie mir ein Ticket verkaufen, das mich zu nichts berechtigt! Ich meine, preisgünstig war es ja immerhin."

Er sah auf und starrte mich an.

"Ja, eben, preisgünstig. Wie Sie selbst sagen."

"Aber trotzdem ist das eine Schweinerei "

"Hör mal, Freundchen. Du kannst mich langsam mal, weißt du das? Du hast mir schon genug Ärger gemacht. Am besten, du ziehst jetzt Leine. Sonst kreist der Hammer. Habe ich mich verständlich gegeben?"

Der Mann mit der Schürze war auch dazu

gekommen und hatte sich vor mir aufgebaut.

"Wir wollen hier keinen Ärger. Du drückst jetzt ab und verschwindest. 400 Kronen."

"Sind Sie närrisch? Ich habe gerade mal zwei Bier getrunken. Außerdem habe ich so viel Geld gar nicht bei mir!"

"Dann soll er das Ticket hier lassen, als Pfand", sagte das Schlitzohr mit der Zigarre.

"Das Scheiß-Ticket?" Ich kramte es hervor. "Hier, bitte, einverstanden. Wenn es weiter nichts ist."

Diese harten Männer. Machten mir eine solche Szene und wollten dann nur Spielzeug. Ich ließ sie zurück. Sie grinsten zufrieden. Ich ging auf die belebte nächtliche Straße. Das Gewitter schien zurück zu kommen. Zwei der Straßenfeger in den grünweißen schillernden Overalls schienen sich zu streiten. Einer hatte einen Zettel, den er dem anderen unter die Nase hielt, während er sich mit der anderen Hand fortgesetzt an den Kopf schlug. Ich aber sonnte mich in einer kleinen Zufriedenheit, hatte ich doch nicht einmal meine Getränke bezahlen müssen. Interessante Stadt, dachte ich mir. Dann wurde ich so müde, dass ich es kaum noch zum Taxistand schaffte.

„Er konnte oder wollte nicht zahlen", sagte der Taxifahrer. Vorzeitig war ich am Montagmorgen geweckt und an die Rezeption gebeten worden. "Er schuldet mir 1643 Kronen".

Sein Schäferhund grinste, hechelte, grinste, hechelte.

Yeti, Berlin

Um an jenem weit zurück liegenden Win-
tertag zu Yeti zu gelangen - er hatte mir
seine Adresse gegeben - musste man über
halbmeterhohe Haufen von Taubenkot
steigen, die sich in Durchgängen von
dritter zu vierter Mietskaserne aufgehäuft
hatten. Die ganze verkehrte Symbolik,
solche Viecher als Friedensbringer zu
apostrophieren! Meine kalten Füße.
Weiße Tauben von Picasso und Matisse,
Meer, Strand und Wogen - zum Tot-
lachen. Taxifahrer sagten "ausrotten".
Waren unter anderem auch von Tauben

beschissen worden. Im vierten Block ging ich das Treppenhaus hoch. An den Wänden krebsartige Geschwulste, in Novemberfarben.

"Das Fenster wurde eingeschmissen, dann wurde es kalt, dann platzten die Rohre."

"Die, die hier links wohnt, ist gerade im Knast. Und der da auch."

"Das Wasser funktioniert nicht. Zum Scheißen gehe ich normalerweise in die Bar. Ich habe aber auch schon einmal, als ich mich nicht mehr rühren konnte, in den Kohlenkasten geschissen."

In der Küche eine Orgelpfeifensammlung von Gurkengläsern, die unterschiedlich mit Pisse gefüllt waren. Ich schaute aus dem Fenster. Unten ein halber Meter Hausmüll die ganze Grundmauer entlang.

"Mülleimer werden hier nur noch aus

religiösen Gründen benutzt", sagte Yeti.

Auf dem nackten Geäst eines Baumes, ganz oben, hing ein Teddybär. Unten im betonierten Hof Türkenkinder, die, wie ich vermutete, Kühe nur von Videos kannten.

"Mensch, Yeti, was hast du mir damals für schöne Geschichten von der Fremdenlegion erzählt, in der du nie warst."

In einem Schrank mit einer Glasvitrine hatte er zwei Bücher stehen, "Spuren" und "Thomas Müntzer" von Bloch.

"Ich vermiete ab dem nächsten Ersten diese Wohnung an einen Junkie."

"Und was willst du machen?"

"Mich selbständig. Transporte. Im Blutkreislauf dieser Stadt steckt der Wurm. Meine Chance."

Nachtstück

Seit Tagen hingen bis tief in die Stadt hinunter Wolken. Flugzeuge waren nur zu hören, nicht zu sehen. Einmal sah X einen ihrer Scheinwerfer, der kurz die Nebeldecke mit einem hellbraunen Streifen versah. Geräusche und Farben wurden hervorgepresst, nicht aus Auflehnung, sondern als vegetative Nervosität während einer Betäubung.

Es war Januar. Bei einer abendlichen Temperatur von fünfzehn Grad kam einem der Schweiß unter dem Mantel. Der Hund eines Spaziergängers schnüffelte an einem Stück aufgetauter Scheiße. Zwei Erfüllungen gibt es im Leben eines Hundes: Herrchen und Scheiße.

X wollte ins Amüsierviertel an diesem Wochentag, so wie es einen manchmal mitten in der Woche überkommt, ohne Ziel, reden vielleicht, aber worüber, auf ein paar Gläser in Kneipenregalen schauen, auf ein Veranstaltungsposter, im Hintergrund Dudelmusik.

Die Straßenbahn war umgeleitet worden wegen einer Großbaustelle. Er war an einem provisorischen Haltepunkt ausgestiegen, dem falschen. Entlang dem aufgerissenen, taghell erleuchteten Terrain, von dem er dachte, es sei die direkte Verbindung zu seinem Zielort, war für Fußgänger immerhin eine Bretterpassage angelegt. Sie erwies sich allerdings als Sackgasse, hörte auf an einem Schild: Betreten

verboten. Bohrhämmer wie Maschinen-
gewehre, das Wühlen von Betonmisch-
wagen, dazwischen Rufe von Menschen,
lautstarke, knappe Anweisungen - X ver-
stand kein Wort, es erschien ihm als eine
ostentative, babylonische Verwirrung. Er
schob den weitmaschigen Bauzaun zur
Seite. Auch wenn das hier wohl kein Weg
für Passanten war, vielleicht nur einer für
Arbeiter: dort drüben, etwa zweihundert
Meter entfernt, fand sich eine vom Licht
der Baustelle angeleuchtete Reihe von
Gründerzeithäusern, die zum von ihm
anvisierten Viertel gehören mussten. Er
ging über Sandhaufen, rutschte mehrfach
ab in Matschlöcher, was ihm nasse Füße
und eine beschmutzte Hose bescherte.
Das trocknet, sagte er sich. Er fühlte sich
wie ein schwitzendes Schwein und sah
auch so aus, als er auf der anderen Seite

die Grube emporklomm. Nochmals schob er einen Bauzaun zur Seite. Da krachte es, gefolgt von empörten Schreien. Ein Gewitter. "Du Arschloch", rief ihm einer hinterher. Da hatte er wenigstens mal etwas verstanden. Noch ein Knall, als feuerte jemand mit einer Kanone auf ihn. Dann klang es, als rutschte ein riesiger Metallberg in sich zusammen.

Doch er hatte eine alte Pflasterstraße erreicht. Die Baugeräusche entfernten sich und vergrößerten hier sogar die Stille. Wohnt hier noch wer? Kein einziges Licht in den angrenzenden Häusern. Es donnerte. Er bereute, überhaupt seine Wohnung verlassen zu haben. Soviel Hyperventilation, wenn man einmal aus dem Haus geht! Ich bin dreckig. Ich war sauber. Ich hätte mir die ganze Welt von zuhause aus anschauen können, wie die anderen auch. Wenn ich denn Lust gehabt hätte, mir die Welt anzuschauen. Bei diesem Wetter geht doch keiner...wer da raus muss, der tut es des Geldes wegen, wie diese Bauarbeiter.

Aber was war mit dieser Stadt? Er hatte geglaubt, sie einigermaßen zu kennen. Er war aus der Provinz gekommen, mit zwanzig. Wo er jetzt war, wusste er jedenfalls nicht. Kein Gestirn, das leiten könnte, nicht einmal Tankstellen. Für einige Sekunden zeigte sich ein Vollmond, der die Putzgliederungen und die alten Sprossenfenster der verlassenen Häuser beschien. X sah auch jemanden, der, ohne Notiz von ihm zu nehmen, etwas von "Würde trotz Arbeitslosigkeit" vor sich hin sang, mit einem teilnahmslosen Hund an der Leine.

Am Ende der Straße, die Hohe Straße

hieß, erschien ein großer Kubus unter dem tiefen Himmel, der sich beim Näherkommen als ein nasses Backsteingebäude herausstellte, mit Wänden von altrömischem Ausmaß und einer Uhr von bestimmt zwei Meter Durchmesser. Sie war auf halb zwölf stehen geblieben. Er schaute auf die Armbanduhr, die er von seinem Vater geerbt hatte, mit Leuchtziffern. Halb zwölf. Zweimal am Tage gehen alle Uhren richtig. Er mochte solche Zufälle, lehnte es aber ab, daraus Konstruktionen von "Nebenwirklichkeiten" zu machen. Es gibt halt mehr, als wir erfassen können, aber das muss nicht unser Leben bestimmen. Gleise führten hinten aus dem Gebäude heraus.

Das Licht einer Peitschenlampe ging, wenn auch schwach. Es beleuchtete hauchdünne Wasserfäden in der Luft, und erst dadurch merkte er, dass es regnete. Da, eine Kneipe! Aber geschlossen. Sie hieß "Mexico City", was ihm immerhin bekannt vorkam. Nebenan "Central-Post" in alten Jugendstillettern an einem Haus, und dann "Rathaus". Rathaus! Er schüttelte sich. Das war doch kein Zentrum hier!

Zurück, zurück! Nein, lieber doch nicht, nicht noch einmal diese Baustelle.

Müde gelangte er um halb eins in eine "Gartenstraße", mit vorstadtartiger Bebauung. Hier brannten auch schummrig noch einige Lichter hinter den Fenstern. Hinter einem entdeckte er ein Gaststätteninterieur. Das Schild "Bei Uschi und Heini" war ausgeschaltet. Bei Uschi und Heini. Na, sei es drum. Er drückte die Klinke.

"Nichts los heute. Ich werde wohl gleich

zumachen", sagte der Wirt.

"Ich dachte immer, hier sei das Kneipen-viertel in der Nähe"

"Das Kneipenviertel...nee, hier nich. Aber das ist ja auch nicht mehr das, was es war."

"Warum ist es überall so dunkel?"

"Naja, es ist Nacht...aber der Strom ist auch ausgefallen. Aber nicht ganz, eigen-artig. Für son Schummerlicht reicht es, nicht für den Spielautomaten, aber für die Theke, wenn man noch ein paar Kerzen dazustellt."

"Gibt`s doch gar nicht!"

"Sehen Sie doch."

Heini hatte ihm den Weg zu einem klei-nen Hotel in der Nähe beschrieben, mit Namen "Stadt Salzderhelden". Und ge-sagt, dass es am Wochenende Karaoke gäbe.

So lange wie er liefen nicht einmal Penner herum. Eigenartig, dass seine Müdigkeit verschwunden war. Ich müsste noch drei Tage weiter laufen, was heißt drei Tage? Wenn ich stehen bleibe, bin ich tot. Das Laufen ist eigentlich ein Schwimmen, genau, das ist das Bild. Wenn ich damit aufhöre, gehe ich unter. Und ich gehe nicht unter!

Er schaute wie ein hundert Meter hoher Gott auf eine Pfütze in den Formen der Müritz, und er schaffte es auf Grund seines Überblicks, den Landweg herum zu nehmen. Auf dem Bürgersteig eine abgefallene Fahrradkette wie ein stählerner Westwall. Ameisen, zu groß geworden, kletterten darüber. Das war kein Winter.

Ich träumte, hatte X geschrieben, von einem alten Hotel mit einer großen, holzgetäfelten Rezeption, neben der eine breite Treppe gerade anstieg. Sie führte auf einen Flur, von dem schäbige, schlauchartige Zimmer abgingen. Meins jedenfalls war so ein schäbiges Zimmer, unrenoviert, mit sich wellender Persertapete und einem Läufer auf dem Boden mit bunten, abstrakten Mustern à la Ernst Wilhelm Nay, der durch Abgewetztheiten zusätzliche Oberflächenstruktur erhalten hatte. An der Schmalseite neben der Tür ein bräunliches Waschbecken mit fließend kaltem Wasser. Die Länge füllten zwei Chaiselongues hintereinander, mit dunkelbraunen Cordüberdecken. Am Fenster ein einzelner Nachttisch mit einem Häkeldeckchen und eine troddelige Stehlampe. Ich legte mich auf die

Liege, die zum Fenster hin stand, bereute es aber gleich, denn es zog wie Hechtsuppe. Eigentlich war ich auch gar nicht müde. Ich wollte mich gerade auf die andere Liege legen, da wurde die Tür, die ich abgeschlossen hatte, aufgeschlossen. Hatte ich gar nicht abgeschlossen, war der Schlüssel nicht richtig im Schloss, so dass er jetzt herunterfiel? Mein Erschrecken wich Erstaunen. Herein kam Rechenberger, ein Arbeitskollege, ebenso erschrocken wie dann erstaunt.

"Ich wusste nicht...", begann er, "ein Irrtum wohl. Man hat mir gesagt, dies hier sei das letzte freie Zimmer."

"Ja, ich meine, zur Not...hier sind ja zwei Liegen. Aber was in aller Welt führt Sie hierher? Haben Sie Urlaub? Wo ist Ihre Frau?"

" Und Sie? Ach, ich könnte alles erklären.

Aber ich bin so müde, so fertig. Lassen Sie es mich später erklären. Wenn Sie wirklich nichts dagegen haben, dass ich hier..."

"Nein, nein, sagte ich doch. Bloß, dann haben diese Gauner ja doppelt für das Zimmer abkassiert!"

"Vielleicht rechnen sie nach Liegeplatz. Oh mein Kopf! Ich muss kotzen. Ich glaube, ich schaffe es nur noch bis zum Waschbecken."

Draußen hatte inzwischen ein richtiger Platzregen eingesetzt, aus orangebraunem Himmel. Von einem Kirchturm hörte er es erst vier, dann drei Mal läuten. Mehrere Köter kläfften. Feuerwehr- oder Polizeisirenen begannen zu heulen. X war nun froh, ein Dach über dem Kopf zu haben, froh trotz aller Widrigkeiten dieses Zimmers und in diesem Zimmer.

Die Türklinke wurde heftig niedergedrückt und gerüttelt. Da diesmal wirklich abgeschlossen war, ging das Geklinke in wildes Klopfen über.

"Mach auf, ich weiß, dass du hier bist", rief eine Frauenstimme. Sie kann ja wohl nur den Kollegen meinen, dachte er. Der lag angezogen wie tot auf seiner Statt, nein, er begann gerade luftringend zu schnarchen. X ging und öffnete die Tür. Ihm in die Arme fiel - eine weitere Kollegin. Sie schrie auf, als sie Rechenberger dort liegen sah.

"Ich bin irritiert", sagte sie, nachdem sie sich etwas gefangen hatte, "ich bin irritiert, Sie hier zu sehen. Was haben sie mit dieser Sache zu tun?"

"Mit was für einer Sache?"

"Äh. Ich, äh...begreife nichts, ich...Entschuldigung. Ich gehe wohl besser."

64

Sie stolperte weg, fiel hin auf dem Flur und lief dann die Treppe hinunter.

Der letzte Rest von Müdigkeit hatte X verlassen, und was immer es war, das hier passierte, und es passieren die seltsamsten Dinge, man sollte es nur nicht zu einer Nebenwirklichkeit hochrechnen... er musste gehen. In wenigen Stunden begann schließlich der Arbeitstag. Er zog seinen Mantel wieder an.

"Warum hat sie mich mit dieser Salbe eingeschmiert", röchelte Rechenberger.

Da, so schrieb X, wird auf einmal die eine Wand des Schlauchzimmers hochgezogen, als sei sie nur ein Vorhang gewesen. Ein großer Raum, sogar mit einer Empore, kommt zum Vorschein. Und noch mehr Personen tauchen auf, einige augenscheinlich mit der Absicht, das Hotel im Sinne eines Stundenhotels zu nutzen. Da ist ja auch eine Dusche in der Ecke, unter deren Strahl zwei Nackte umschlungen stehen. Andere sehen so aus, als wollten sie sich "konspirativ" treffen. Es werden immer mehr.

"ICH habe das Zimmer bezahlt!", schreie ich. Es interessiert keinen. Stattdessen gibt es eine Schießerei. Jemand wirft eine Handgranate die Empore herunter.

"Ich muss weg, du meine Güte."

X hastete die Treppe herab. Keiner an der Rezeption, damit hatte er auch nicht gerechnet. Aber die Hoteltür war abgeschlossen! Der Lärm kam näher. Einige kamen schon bis auf die Treppe, unter ihnen ein Mann mit weißem Bart in einem Arztkittel. Der nahm keine Notiz von ihm, lief vorbei und schloss die Haustür auf.

Es regnete lustvoll aus orangebraunem Himmel. X nieste und schritt ohne seinen dreckigen Mantel mit der Brieftasche darin zum nächsten Taxistand, ein Köter an einer Leine knurrte, ein Flugzeugstrahler beleuchtete die Wolken mit einem hellbraunen Streifen. Das dunkle Anfluggeräusch der Maschine klang wie, na, wie eine Posaune eben.

Der Westen

Ich brauche nicht einmal selbst aufs Land
fahren...ich schicke meinen angekleide-
ten Körper...ich liege inzwischen in mei-
nem Bett.
Kafka

Am Spätnachmittag sehe ich durch die
Gardine meines Motelzimmers auf die
Interstate. Der Ort dahinter erscheint auf
dem Hügel wie eine Stadt des Mezzogior-
no. Wenn man die Augen etwas zusam-
menkneift. In den fünfziger Jahren wur-
de etwas von einem Himmel über Butte

geschrieben, der nachts rot zuckte von den Feuern der Verhüttung. Vorhin bin ich durch die leeren und breiten Straßen gefahren, entlang sauberer Bürgersteige und vorbei an Fördertürmen, die da standen wie Einrichtungsgegenstände.

Weit oben an der Kante eines angefressenen Berges eine weiße Madonna, um die herum bereits Nebel vorkriecht. Ich ziehe den schweren Vorhang zu. Schneide eine Grimasse vor dem Spiegel. In "America Today" eine Grafik über radioaktiv geschädigte Gegenden. Dunkel eingefärbt der Süden von Nevada, der Norden von Arizona, Idaho, Montana, auch Kansas. Ich ziehe noch einmal den Vorhang etwas zurück und sehe die Autobahn durch die Gardine und ein Stück von einer sonnenbeschienenen weißen Mauer.

Vorige Woche war ich in Venice Beach und schaute noch kurz auf den Pacific, während der Motor lief. Das Auto mit Licht begossen wie aus Kübeln. Dann fuhr ich in Richtung Wüste, unter Autobahnbrücken hindurch, auf denen "erdbebensicher" stand, die Wüste wie Bauschutt bis an den Horizont, Brücken im Niemandsland, wie neu errichtete Ruinen, Häuser wie aus dem Modellbaukasten. Und überall wohnten schon welche drin. Stau vor einer Baustelle. Es wurde wärmer. Klimaanlage an und das Fenster auf, das ist das Beste. Kein Service die nächsten hundert Meilen. Später über dem beleuchteten Motelpool in der Dunkelheit irgendwo ein kleines Flugzeug, das wie ein zielloses Insekt klang. In den Tisch des Motelzimmers waren Stricke in Plexiglas eingeschweißt.

Das Schönste jeden Tag ist es, morgens den Wagen von der Tankstelle zurück auf die Straße rollen zu lassen. Da ist der Tag noch so neu.

Gäbe es eine gut ausgebaute Autobahn dort, wo der Äquator verläuft, genügte ein Urlaub von vier Wochen, um die Erde zu umrunden, inclusive der Zeit für Schlaf, TV und Bier. Vorausgesetzt, die Motel-Infrastruktur zöge mit. Und man müsste so siebzig Meilen pro Stunde im Schnitt fahren. Wenn man dazu verurteilt werden könnte, alles zu Fuß nachzulaufen, könnte es circa vier Jahre dauern.

Ich habe neulich einen romantischen Tramper mitgenommen, der hat erzählt, er sei in den letzten Wochen siebenhundert

Meilen gewandert, immer entlang der Continental Divide. Einmal habe ein Autofahrer angehalten und ihm eine Cola angeboten, aber mitgenommen habe er ihn nicht. Eines Nachts habe er von der Ruine eines Sakralbaues geträumt, Ruine, aber neu zusammengefügt. Eine Stimme habe so etwas wie ein das alles beklagendes Requiem gesungen. Die Architektur, der Gesang: Nicht von dieser Welt !
Vielleicht wäre es besser gewesen, wenn man vor zweihundert Jahren als Indianer gelebt hätte, meinte der Tramper.

Ich fahre ein Firmenauto. Zu Haus habe ich ein eigenes. Ich mag es, wenn ich den Wagen von der Waschanlage zurück auf die Straße lenke und mich in den Verkehrsfluss einordne. Da ist der Tag noch so frisch. Manchmal bin ich aber müde.

Ich mache Meilen. Das Land ist groß. In den Läden, in denen ich Bier und andere Sachen kaufe, gibt es Kassiererinnen, die während ihrer Arbeit mit ihren Ehemännern telefonieren. Ich habe herausgefunden, dass es am besten ist, bei Hitze die Fenster des Autos offen zu lassen, mit eingeschalteter Klimaanlage. Wo immer du hingehst, gehe mit ganzem Herzen, habe ich in der Wochenendbeilage einer Zeitung gelesen. Von Konfuzius. Eines Tages habe ich einen Bären gesehen, neben der Straße. Einige Wagen hatten schon angehalten. Ich bin so offen für Ereignisse! Inmitten dieser Baumriesen der Redwoods, die gefeit sind gegen Feuer und Insekten, sagte plötzlich ein Kleinkind, das am Arm seiner Mutter lief, Hi zu mir, einfach so! Am Strand von Oregon rennen in Gruppen kleine Vögel über das

Watt und picken dabei! Haben ihre Wohnungen gleich hinter den Dünen. Gestern habe ich geträumt, jemand wollte, dass ich Rockstar werde. Ich musste meine Haare schwarz färben. Komische Kerle, die mir das nahe legten. Diejenigen, die sich daneben benehmen, scheinen sowieso den meisten Spaß im Leben zu haben. Ich sah schon die Bühne, aber dann verschwand alles. Irgendwer schob mein Auto die Böschung hinunter in einen Bach. Wie soll ich das da wieder raus kriegen.

Vor einiger Zeit wollte ich Benson besuchen, den Maler, der Flugzeuge und Kakteen malt, verfuhr mich aber und landete auf einer Dustroad. Ein Stein schlug ein Loch in den Reifenmantel. Ich hielt an. Der Wagen war verstaubt bis in die Tanköffnung hinein. Über mir weiße

Wölkchen, vor mir ein Schild: Benson 52
Miles.

Sinclair

„In einer Bar inmitten der kanadischen Wildnis knallte Sinclair eng vollgekritzelte Blätter auf die Theke. Er war betrunken und fluchte, als einige davon herunter fielen. Mühsam hob er sie auf. Dann verschwand er, unter dem einen Arm den Stapel Papier, unter dem anderen ein Sixpack Molson. Einer behauptete später, ihn mitten auf einem verbeulten Schienenstrang gesehen zu haben. Er habe sich Notizen gemacht. Habe plötzlich das grelle Licht der Güterzuglok gesehen. Sei weg gesprungen wie ein Neandertaler.

Alles, was er bei sich hatte, sei in den Abgrund gerollt. Mary Buffalo, Postangestellte in Blue River, berichtete, da sei einer gekommen und habe eine große Menge Luftpost-Briefmarken für ein Paket verlangt. Das Paket sei aber sehr leicht gewesen. Etwas habe darin gescheppert."

Stadt am Meer

K. wollte zum Hafen hinunter gehen, um sich nach den Abfahrtszeiten der Fähren zu erkundigen. Angezogen auf dem Bett seines fensterlosen Zimmers liegend, hörte er Mopeds, die sich untertourig, mit Fehlzündungen, die Straße hinauf quälten. Einige Jugendliche fuhren dagegen mit Höchstgeschwindigkeit bergab. Die Motoren klangen überanstrengt, eine höhere Drehzahl war nicht mehr möglich. Er ging in seinen teuren Flechtschuhen, in denen die Füße schwitzten, auf einem keramischen Bürgersteig.

Vereinzelt lagen noch zerbrochene Dachziegel herum, vom Sturm. Ihm fiel etwas ein, das er notieren wollte, etwas über die Geschwindigkeit der Erdumdrehung, da merkte er, dass sein Kugelschreiber nicht mehr funktionierte. Er warf ihn in eine Mülltonne, in eine, die in gleichmäßigen Abständen den Bürgersteig begleiteten. Ein Müllwagen lärmte im ersten Gang. Er warf eine Postkarte in den Schlitz an einem Schuppen, der die verschlossene Post war. Alle Läden hatten zu. Ein Bier mit Blick aufs Meer genügte, um das, was sich unter seiner Schädeldecke befand, seifig anfühlen zu lassen. Kleinste Fliegen sogen mit ihren Rüsseln den Schweiß vom Bügel seiner Sonnenbrille, die er abgesetzt hatte. Das Meer sah aus wie eine Plastikfolie. Gestern hatten darauf in der Ferne Lichter geschwebt, in der

Dunkelheit, starr wie die Beleuchtung eines riesigen Schlosses über dem Wasser. Was sind das für Lichter da drüben, die man manchmal sieht und manchmal nicht, fragte er den Kellner. Ein Ausflugsdampfer, der für Tage schon ankert? Die Nachbarinsel, Herr K., kam die Antwort. Dann sind wir wohl nicht ganz allein hier, sagte K., was, hehe. Seine Armbanduhr war verrutscht auf die für ihn nicht erkennbare Seite seines Handgelenks. Er wollte sie nicht umdrehen, als ob es noch sowas wie Verbote gab. Wenn es dunkel wird, ist Abend, sagte er sich, als ob er sich einen alten Witz erzählen wollte. In einer Zeitschrift las er, was es alles für lebensverlängernde Mittel gab: Ginseng, Dhea, Algen, Rotwein, Knoblauch, Kombucha, Gingko, Haifischknorpel, Mistel, Gelee Royal. Halte dich fern von Oberleitungen.

Nachts war Karneval. Böller widerhallten an den Bergwänden wie Sprengladungen. Es roch nach Rauch. Eine erleuchtete Sardine von drei Metern Länge wurde vorbei getragen.

Johannes Heesters

Auch in unserer Zeit medizinischer Fort-
schritte erscheint es unglaublich, dass ein
bereits 106jähriger nicht nur weiter at-
met, sondern sich sogar singend auf eine
Bühne stellt. Richtet man allerdings Fra-
gen an ihn, so fällt auf, dass er erst nach
geraumer Zeit antwortet. Es klingt, als
kämen die Worte nicht von ihm selbst,
als sei er hohl wie eine Mumie und in ihm
eine Sprechanlage, die immer erst pro-
grammiert werden muss. Auch scheinen
dabei manchmal Fehler zu unterlaufen,
zum Beispiel als aus seinem Mundloch

ertönte, Hitler sei ja ein ganz netter Kerl gewesen. Das musste dann korrigiert werden.

Wie man bereits Tote wieder zum Sprechen bringt, haben bereits Edgar Allen Poe und Lovecraft in einigen Erzählungen thematisiert, sei es durch die Parawissenschaft des Messmer, sei es, dass andere Individuen von außerhalb dieser Welt sich eines Körpers bemächtigen.

Zwar wirkt Heesters volles weißes Haar wie die Perücke, die man einer Puppe aufsetzt, aber die Augen immerhin machen nicht den Eindruck von Glaskugeln.

Zumindest die äußere Hülle scheint noch von Leben bestimmt, wie wir es kennen, alles scheint von den Rändern her noch so zu funktionieren, dass man es für gewöhnlich hält.

Handelt es sich aber um eine Fälschung,

was sollte sie bezwecken? Soll die Möglichkeit der Unsterblichkeit aufgezeigt werden? Das passte in die Überheblichkeit unserer Zeit, wäre also kulturell erklärbar.

Man könnte seine Jahrzehnte jüngere Lebenspartnerin fragen, aber wenn die sich für eine solche Partnerschaft zur Verfügung stellt, bedeutet es ja wohl nichts anderes, als dass sie nur Eingeweihte (immerhin noch mit Eingeweide) sein kann.

Man weiß es nicht. Sollte er aber tatsächlich noch unter den normal Sterblichen weilen, dann ist diese Prozedur zumindest praktisch: wenn die Frauen soviel jünger sind, dann sterben sie ihm normalerweise nicht so schnell weg, und er muss sich nicht so oft wieder auf eine Neue einstellen.

Uri Geller

Früh in seinem Leben verbog er den ersten Löffel. Nicht länger mit seinen Händen, wie er es getan hatte, als ihm mit demselben Spinat einverleibt werden sollte, sondern mit anderen Kräften, sinnlichen, die auch übersinnlich genannt werden. Zeitig, wie es Genies eigen ist, hatte er damit seinen Lebensunterhalt gefunden. Wie Erich von Däniken, der seit den 1960er Jahren mit seiner These, Außerirdische hätten vor nicht allzu langer Zeit die Erde besucht, bis heute gut leben kann. Uri Gellers Lebensinhalt:

deutlicher als Einstein zu zeigen, dass Materie mit der Zeit biegsam ist, ja, das ganze Universum, wenn man das hochrechnet. Diese Kräfte, die ihn befähigen, Löffel oder Gabeln zu biegen, seien ihm ja auch von dort, nämlich von Außerirdischen, verliehen worden. So sagte er es von sich in den 1970er Jahren. Heute ist er sich da nicht mehr so sicher. Uri Geller. Und er verbiegt sie noch immer! Weisen ihm Fachleute Scharlatanerie nach, biegt Uri selbst ab und erscheint erst nach ein paar Jahren wieder am gleichen Ort, wissend, dass Vergessen auch eine biegende Funktion hat. Dann kommt er wieder wie Phönix mit dem Löffel, immerfort – bis er einst denselben abgibt und darüber hinaus.

Quedlinburg 1806

Dies ist ein kurzes Statement. Kurze Statements bringen es. In der Kürze liegt der Hafer. Aber ich schweife. Ab.

Ich bin ein Pferd in Quedlinburg, geboren 1806, und bald werde ich meinen Fresssack wieder abgeben müssen. Es fällt mir sehr schwer, mich auszudrücken. Es ist Weihnachten. Ich sehe Türme und Häuser im Schneematsch. Ich stehe auf der Straße mit einigen Äpfeln. In eins dieser Häuser soll ich jetzt rein, durch einen schmalen Eingang. Da drinnen winkt sicher Gold & Möse, wie man so schön sagt, hehe. Aber mal Spaß beiseite.

Das Haus

Viele Jahre lang, und noch immer, hatte ich den einen Traum. Er handelte von einem Haus, dem Haus, das meine Eltern in den 1960er Jahren gebaut hatten. Dem Haus, in dem ich einen Teil meiner Kindheit verbracht hatte – das, wenn ich allein war, nachts manchmal schrecklich knackte. Ein eingeschossiges Haus in den Formen der Moderne, auf einem Winkelhakengrundriss, aus gelben Klinkern, mit flachen Satteldächern über den beiden Schenkeln. Es stand in einem großen Garten, unbedrängt von anderen Gebäuden. Damals waren Grundstücke von

1500 Quadratmetern noch erschwinglich. So stand es da, autonom wie ein Tempel, den Winden und Wettern ausgesetzt und durch sein souveränes Dasein trotzend. In meinen Träumen war dieses Haus eine Ruine.

Manchmal waren die Reste des Baues weiß gestrichen, mal war nur noch das Untergeschoss da, dieses allerdings mit vielen Zimmern, in denen sich sowohl eine Anzahl Fremder wie auch einige Bekannte aufhielten. Mal konnte man noch das große Wohnzimmer mit dem zur Terrasse gehenden Riesenfenster erkennen – Einheimische hatten deswegen 1965 gedacht, hier käme ein Laden hinein. Die anderen Räume waren verschwunden, Wände abgerissen, Gebälk auf provisorischen Stützen gelagert. Mal war auf den ersten Blick nur noch die Garage zu erkennen. Immer aber gab es Teile, die erhalten geblieben waren, zum Beispiel die Stereoanlage mit dem Plattenspieler von Dual und Hugo Strassers Tanzplatte des Jahres 1967. Einmal wollte ich auf das Grundstück, aber es war durch Schranken abgesperrt, die zu passieren ich kein Recht hatte. Ich sah nur Baubuden, dahinter, wo das Gebäude sein musste, fiel das Gelände ab. Etwas sollte mit dem Anwesen geschehen, doch ich sah nichts Konstruktives – nur Flickwerk. Sollte der Eingang ins Unterirdische verlegt werden? Ich hatte mein Auto in einigem Abstand geparkt, trotzdem war es mittlerweile abgeschleppt worden.

Ich besuchte meine alte Mutter. Auf dem Klingelschild stand noch der Name meines Vaters, der 1970 starb. Vor das große Wohnzimmerfenster war die ebenso große Gardine gezogen. In ihren Wellen und ihren Mustern habe ich als Kind einen indischen Wolkenkratzer gesehen, so ähnlich wie der Palast der Winde in Jaipur. 1969, bevor ich auf eine damals lange Reise als Austauschschüler nach Frankreich ging, war sie Gegenstand meiner Meditation. Ich starrte auf sie und dachte: zu diesem indischen Wolkenkratzer will ich zurückkehren. Das ist Jahrzehnte her. Sie ist immer noch da. Eine Ewigkeit ist seither vergangen, oder doch nur ein Augenblick? Mal das eine, dann das andere, wie eine Ziehharmonikabewegung, vor und zurück. Die Vorstellung erzeugte fast Übelkeit, so ähnlich, wie wenn man im Traum abwechselnd riesig und winzig ist. Ein Riese, der übers Land schreitet, eine Mikrobe. Meistens wacht man dann auf.

Die Luft flimmerte. Das Haus lag da wie jenes am Ende von Antonionis Film „Zabriskie Point", nur dass hier hypnotisches Vogelstimmengewirr vorherrschte.

Die Hölle

1982 fuhr ich mit einem Freund eine lange Strecke im Greyhoundbus. Wir waren in Virginia eingestiegen und wollten nach Tucson in Arizona. Nach 24 Stunden Fahrt konnten wir nicht mehr sitzen, in keiner Position, und wir beschlossen, die Reise zu unterbrechen. Etwas anderes zu machen als Busfahren. Angekündigt wurde per Mikrophon ein Ort in Texas, mit einem Namen, der nach Natur klang. Wir stiegen aus dem Bus, dessen Motor auch im Leerlauf hochtourig drehte, und schlossen unser Gepäck

in ein abgeschabtes Fach im Busbahn-
hof. Draußen dieselbe Steppe wie die, die
wir bereits seit Morgengrauen durch die
getönte Fensterscheibe gesehen hatten.
Plus ein Schrottplatz mit sonnenblitzen-
dem Autoglas und einige große Schilder
mit Signets für Autovermietungen, Auto-
reifen und Autowäsche, die kleine blaue
Schatten auf die heiße Erde warfen. Mit
steifen Beinen gingen wir auf der einen
Seite die Hauptstraße hinauf und schließ-
lich auf der anderen die Hauptstraße
wieder hinunter, nachdem eine Parallel-
straße zu wenig Abwechslung gebracht
hatte. Beim Sprengen seines Vorgartens
richtete ein Einheimischer versehentlich
den Wasserschlauch auf mich. Kurz dar-
auf fragten wir, mit Chicken Wings in der
einen und immerhin eiskaltem Root Beer
in der anderen Hand, die Bedienung,

die aufgedonnert war wie für etwas ganz Großes, was denn hier so los sei im Ort oder der Umgebung. Naja, die Quelle, sagte sie, ein paar Meilen außerhalb. Wir kamen wieder zum Busbahnhof und es fühlte sich an, als ob keine Zeit vergangen war. Lass uns wieder abhauen, schlug ich vor, meinen Knochen geht es schon wieder besser. „Da kommt aber kein Bus mehr". Die Hölle ist, wenn du weg willst und sie ein Bushaltestellenschild extra für dich aufgestellt haben.

Manche sprechen von der Hölle auf Erden und stellen sich darunter Orte der Lebenden vor, die denen der Toten ähneln, Orte der Gewalt, des Feuers, der Qual, der Ängste. Borges aber sagt: ein Attribut des Höllischen ist die Unwirklichkeit. Nicht aussteigen! Die Orte der Hölle sind solche, vor denen man besser rechtzeitig auf seinem Absatz kehrtmacht oder seinen Wagen wendet. Bevor man zu einem Supermarkt abbiegt, auf dessen Parkplatz man sich mit seinem Wagen von einem Kreisel zum nächsten dreht, der noch kleiner ist, bis man feststeckt und Lenkrad und Pedale einem nicht mehr gehorchen. Bevor man die Fußgängerzone betritt, in der jemand mit Klavier etwas „Rhapsodisches" klimpert. Bevor man die Feriensiedlungen vor Saintes Maries de la Mer erreicht.

Steinverrücken

1976 war ich zum ersten Mal in Amerika. Ich stieg in den Grand Canyon hinab. Unten tauchte ich meine heißen Füße in den eiskalten Colorado River, und, wieder unterwegs nach oben, griff ich mir einen hellbraunen Stein am Wegesrand. Er war etwa 400 Gramm schwer und sah aus wie die Miniaturausgabe einer Canyonwand. Ich packte ihn in meinen Rucksack, wo er bis zu meiner Rückkehr nach Europa blieb. Dann lag er, viele tausend Kilometer von seinem Platz im Canyon entfernt, auf einem Schreibtisch, den ich vom Sperrmüll hatte. Um Blätter, die ich beschrieb, am Wegfliegen zu hindern. Ich schaute oft auf ihn und stellte mir vor, ich sei eine Mikrobe, die vorhat, ihn in ein paar Stunden zu erklimmen. So ging das ein paar Jahre.

1982 nahm ich diesen Stein in meinem Rucksack wieder mit nach Amerika. Nun hatte er schon zweimal den Atlantik überquert. Wir trampten von Washington D.C. auf kleineren Straßen nach Südwesten, das Ziel war Arizona. Es lief nicht mehr so gut mit der Anhalterei, es nahm einen kaum noch einer mit. Aus den vorbeifahrenden Autos wurde nur zurückgewinkt. Weit kamen wir nicht an dem Tag. Als es dunkel wurde, rollten wir uns, ein paar Schritte von der Straße entfernt, in unsere Schlafsäcke. Es war so warm, dass wir diese nach kurzer Zeit wieder öffneten und lieber die Mücken ertrugen als den Schweiß. Aus dem Halbschlaf schreckte ich, als direkt über mir ein Flugzeug auftauchte – in so geringer Höhe, dass ich die Nieten im weißen Unterleib sehen konnte. Sekunden später war es wieder dunkel und Frösche quakten. Im Morgengrauen packten wir zusammen. Steif und müde hob ich den Rucksack an. Er kam mir zu schwer vor. Ich nahm den Stein heraus und warf ihn im hohen Bogen ins Buschwerk. Ich glaube, ich habe nicht einmal ein Aufprallgeräusch gehört.

Der Stein war also wieder in seinem Heimatland, zumindest innerhalb dessen politischen Grenzen. Viel später kamen wir auch in Arizona an, stiegen in den Grand Canyon, usw.

In den späteren 1970er Jahren wimmelte es im Abendland auf einmal von interessanten Indianern, die sich in der Stadt, im Jenseits und in der Kulturkritik aufhielten. Auch Carlos Castañeda hatte seinen Weg nach Europa gefunden. Ich las aber nur sein drittes Buch, in dem der Indianer Don Juan mit dem Autor einen Mescalintrip nach dem anderen initiierte, um die Wahrnehmung zu verbessern - nicht seine anderen Bücher, die „grundsätzlicher" sein sollten. Und mit Robert Pirsigs Theorien über Zen und Qualität hielt ich mich auch nicht lange auf, aufmerksam blieb ich nur an den Stellen, wo es mit dem Motorrad wieder losging. Wie bei Easy Rider, nur ohne Chopper. Und Claude Lévi-Strauss sagte: „Steine soll man nicht verrücken".

Wo ich das gelesen habe, weiß ich nicht mehr. Alle Recherchen haben nichts erbracht. War es ein Zitat, das er benutzt hatte? War der Satz in einem Interview gefallen? Das einzige, das ich gefunden habe, ist ein Spruch: „Alte Marksteine soll man nicht versetzen" – das ist aber weniger fetischistisch als denkmalpflegerisch gemeint. Und Claude Lévi-Strauss hätte mit Sicherheit nichts gegen die Bewegung von Steinen gehabt, sondern den Satz höchstens, in welchem Zusammenhang auch immer, als Metapher benutzt. Täglich werden Millionen von Steinen bewegt. Der Rosetta-Stein kam ins Museum, alte Wegsteine werden zur Ortsverschönerung im Innenbereich von Kreisverkehren versammelt. Viele Steine liegen friedlich auf entlegenen Schreibtischen. Das muss ich, bei aller Verklärung, auch 1982 gewusst haben. In China fiel kein Sack Reis um? Oder aber doch? Weil jemand, wie eine junge Katze, ein

Garnknäuel angestoßen hatte, um hinterher springen zu können? „Working" on a mystery? Unweit von Washington musste die Flughafenfeuerwehr ausrücken, weil ein Stein nahe dem Rollfeld angefangen hatte zu glühen und zu rauchen, wie in einem Jack-Arnold-Film?

Der Stein war weg. Unweit von Flagstaff im Norden Arizonas hatte ich einen Traum. Bei dem Versuch, zum Grand Canyon zu gelangen, hatte uns den ganzen Tag wieder niemand mitgenommen. Wenige Schritte von der Straße entfernt rollten wir uns nach ein paar Dosenbieren in unsere Schlafsäcke. Ich konnte lange nicht einschlafen, weil ich fürchtete, in dem schwarzen Wald in zweitausend Meter Höhe könnten wilde Tiere uns überraschen. Irgendwann befand ich mich aber doch in einem länglichen, weißgekalkten

Raum und hatte bestimmte Aufgaben, an die ich mich aber nicht mehr erinnern kann, zu absolvieren. Dann ging ich links um eine Ecke, hinter der Licht schien. Von mir selbst schien aber auch ein Lichtstrahl auszugehen. Das Licht hinter der Ecke fiel auf einen flachen Stein von wenigen Zentimetern Durchmesser. Auf ihm war ein Gesicht abgebildet. Meine Aufgabe bestand nun darin, den von mir ausgehenden Lichtstrahl so zu halten, dass er ebenfalls den Stein belichtete, durch Konzentration, denn ich musste mich auch weiter bewegen. Kurz schaute ich in dem neuen Raum dennoch auf. Und sah mein eigenes Gesicht an der Wand, wesentlich älter und lachend. Eine Stimme sagte mir, nun solle ich mich hinsetzen. Ich zögerte, da ich dachte: lasse ich mich jetzt fallen, dann verliere ich zumindest die Kontrolle. Ich beugte mich etwas herunter, erhob mich aber gleich wieder. Es sollte ja alles nur ein „Modellvorgang" sein, wie mir instruiert worden war. Plötzlich tauchte über mir eine unkenntlich bleibende Figur auf und brüllte mich an: "Das ist die andere Art!" „Lass das!", befahl die Stimme, die ich schon kannte.

1995 hatte ich genug Geld für einen Mietwagen, mit dem ich kreuz und quer durch Amerika fuhr. Im Besucherzentrum von „Painted Desert" in Arizona kaufte ich mir ein paar Steine. Einer ähnelte sogar dem in früheren Jahren bewegten. Später kam ich wieder in den Osten der USA, besuchte Charlottesville in Virginia, Jeffersons Wirkungsstätten. Ich entschloss mich dann, auf Nebenstraßen Richtung Washington D.C. zu fahren.

Meine Reise neigte sich dem Ende zu. 13 Meilen nördlich von Charlottesville kam ich nachmittags an einem Flughafen vorbei. Ich erkannte ihn wieder und fing an, nach der Stelle zu suchen, wo wir 13 Jahre zuvor campiert hatten. Nach einem Herumgekurve mit zunehmender Aufregung glaubte ich sogar, sie gefunden zu haben. Ich parkte den Wagen am Straßenrand und streifte durch Gebüsch. Schließlich ließ ich mich erschöpft wieder in den Autositz fallen.

20 Jahre nach der ersten Bewegung des Objekts begann das Schreiben darüber. Ich teilte 1996 einem Bekannten mit, durch meine Taten sei der Satz widerlegt: „Es gibt keinen richtigen Stein am falschen Ort." Auf meinen Satz: „Steine müssen nicht fremd sein auf entlegenen Schreibtischen" antwortete er etwas

albern: „und dann wuchtete er seinen Schreibtisch an eine Stelle nördlich von Charlottesville, um ihn dort unter eine steinerne Abbildung einer Canyonwand zu schieben."

See-Saw

Ich passiere die Schranke, die in Flug-
häfen das Äußere vom Inneren trennt.
Ich bin drin, ich habe bezahlt. Alles sieht
so aus wie auf der anderen Seite, die
gleichen Parfums in Schaufenstern, der
gleiche Whisky, Armbanduhren. Ich bin
durch die Kontrollen gegangen, habe
meine Schuhe ausgezogen, habe mich be-
müht, keinen schlechten Witz über all das
zu machen.

Vorhin saß ich stundenlang in einem
Raucherhof unter einer riesigen Beton-
strebe, wo der Strand von Venice weiter

entfernt schien als die Eisberge vor Grönland. Der lebhafte warme Wind, der von Zeit zu Zeit herunter strömte, ließ den Eindruck entstehen, dass die Erde zitterte, aber nur ganz leicht. Und dass es so etwas wie Zeit gab. Zwei alte Männer mit Baseballkappen gingen vorbei und stießen Rülpser aus, im Rhythmus ihrer Schritte. Ein von Softdrinks aufgequollenes Muttertier mit zwei dünnen Kindern. Ein Mann hatte seit Ewigkeiten auf einer Bank geschlafen. Plötzlich fragte er mich, wie spät es sei, und legte sich wieder hin. Ein schlecht angezogener Mann in meinem Alter, mit randloser Brille, rauchte hastig im Stehen. Er sah aus wie einer, der, wie Burroughs beispielhaft ausführte, jemandem die Kehle durchschneidet und dann ganz ruhig sagt: Gott hat doch auch Messer gemacht. Ein kleines blondes Mädchen erschreckte mich nicht weniger. Sie hatte ein altertümliches weißes Kleid an, wie von vor hundert Jahren, und balancierte auf einer Mauer an drei anderen Mädchen vorbei. Zum dritten Mal kam der Mann mit der Sammelbüchse für obdachlose Kinder vorbei, und zum zweiten Mal musste ich ihm sagen, dass ich ihm schon etwas gegeben hatte. Dann kam einer in grüner OP-Kleidung und sagte, er brauche noch 19 Dollar (nicht 20), um zu seinem Krankenhaus nach Oakland zu fliegen. Die Raucherecke als steriler Operationssaal...die Entlarvung von billigen Strategien machte mich nicht froh. Alle wollen irgendwohin. Ich gebe dir nichts, lass mich zufrieden mit dem Argument des sozialen Weltgefälles. Morgen gehe ich drauf, weil ich es ablehne, in einer Raucherzone im OP-Outfit aufzutreten. Das Muttertier trötete ohne Unterlass Worte, um die Kinder im Zaum zu halten, und je vehementer sie das tat, desto ausgelassener wurde das Gegenüber, bis hin zu einer Art Wahnsinn. In der Glotze über uns tauchte erst Mike Tyson auf, dann Charles Manson.

Auf dem Rollfeld, in der Warteschleife. In weiter Entfernung ein paar Bäume. Die Maschine steht, rollt holperig etwas voran, steht wieder – als ob Fliegen gar nicht ihr Sinn sei. Entschuldigen Sie, Miss. Sollte ein Flugzeug nicht auch einmal fliegen? Ich meine, sonst hätte ich auch mit dem Zug fahren können, was, ich vermute das jetzt mal, wesentlich billiger ist „Sie täuschen sich, das ist nicht mehr billiger, ganz im Gegenteil „Oder könnten wir nicht mal raus aus dieser Blechdose, damit wir uns etwas die eingeschlafenen Füße vertreten können?" „Ich werde sehen, was sich machen lässt. Bitte haben Sie etwas Geduld".

Unter mir dunkelrote Wolken, Tonnen geronnenen Blutes, „zu dem sich im Augenblick des Erwachens die Träume verklumpen." Schicht für Schicht haben wir uns gehoben, aber niemals die für die Wirklichkeit nötige Höhe erreicht. Ich sinke zurück in den Sitz. Die Maschine rauscht gleichmäßig. Ein paarmal wackelt die Tragfläche, Höhenwinde. Kleine Lichter an der Erdoberfläche, selbst in der Wüste, da unter mir. An der Erdoberfläche. Wo ihr gestanden habt, am Strand eines Kontinents, wie Figuren von de Stael. Ihr winktet, und es schmerzte mich, nicht bei euch sein zu können. Aber ich konnte doch nicht landen!

1997 habe ich etwas erlebt, an dessen Wirklichkeitsgehalt ich noch immer zweifele. War es doch ein Traum? Das Flugzeug auf der Startbahn hatte bereits ziemlich beschleunigt, da bremste es, wohl im letzten Moment, wieder abrupt ab, wahrscheinlich sogar mit Gegenschub. Wir rollten zurück bis zum Terminalgebäude. Der Kapitän sprach über Lautsprecher: „Es besteht kein Grund zur Sorge. Das, was eben vorgefallen ist, war nicht weiter gefährlich. Nur nervig und lästig. Ein Computerfehler. Wir müssen jetzt alles herunterfahren und dann wieder hoch. Eine Weile wird sogar das Leselicht ausgehen. Für die Zwischenzeit machen wir jetzt aber, bei diesem schönen Wetter, das Verdeck auf." Und tatsächlich wurde das Flugzeug zum Cabrio. Geht das überhaupt? Die Gäste waren guter Laune. Dort, wo wir schließlich landeten, gab es Schneematsch und eine niedrige graue Wolkendecke. Als ich den Flughafen mit einem Bus verließ, war es bereits dunkel. Auf der Straße durch den Stadtpark kam der Bus ins Rutschen und prallte seitlich gegen einen Baum. Er konnte nicht mehr weiterfahren. Die Fahrgäste, manche von ihnen mit Prellungen, mussten aussteigen und am Straßenrand auf einen Ersatzbus oder die Ambulanz warten. Da ich es nicht mehr weit bis zu meiner Wohnung hatte, nahm ich mein Gepäck und verließ den Ort zu Fuß. Die Pfützen unter mir, denen ich auswich, hingen zusammen wie die Großen Seen, und ich suchte, in Satellitenhöhe, nach den Landverbindungen. Nach einer Weile stand ich vor der Tür, fand schließlich den Schlüssel und betrat die Wohnung. Ich stellte fest, dass das Licht nicht funktionierte. Ich tastete mich in die eiskalte Küche und fand im Schrank eine ziemlich heruntergebrannte, aber dicke Kerze. Ihr Schein machte aus dem Schlafzimmer eine sich bewegende Höhle. Die Bettwäsche war abgezogen, das hatte ich vergessen. Ich kroch in meinen chinesischen Schlafsack und starrte an die agile Decke. Ich war zu müde, um zu schlafen. Es schien, als winktet ihr da draußen, vor dem Eingang der Höhle. Es wurde heller. Ich schreckte auf. Der Schlafsack brannte, ein Stück davon musste in die Flamme der Kerze geraten sein. Hastig patschte ich mit bloßen Händen in das Feuer, bis es nur noch stinkenden Rauch gab. Meine Finger sahen am Morgen aus wie aufgeplatzte

Würste. Jeden Tag musste der Verband gewechselt werden.

Aus dem Rot des Horizonts wird orange. Dann ein mattes Grün. Das monotone, tiefe Fluggeräusch der Boeing entfernt sich wie durch einen Trichter.

Die andere Seite

Früher habe ich im Kino gern verfolgt, wie Verbrechern die Flucht gelang, aus dem Gefängnis oder vor dem Gefängnis. Inzwischen bin ich selbst auf der anderen Seite, und es ist egal, ob durch eigenen Willen oder dadurch, dass ich dorthin katapultiert wurde. Ob eine winzige Wolke vor der Sonne die Erde verdunkelte oder ich hinter einem dünnen, aber hohen Pappkarton gelandet bin. Und ich begreife, wieviel mehr Arbeit man so verrichten muss als die, die jeden Morgen um acht zur Arbeit gehen. Ich muss nachts manchmal aufspringen und kann mich nur noch selten einer schönen, behüteten Traumphase ausliefern. Ich muss mich für jemand Anderen ausgeben. Wenn ich so bleiben will, wie ich bin, kann ich nur sterben, fliehen oder mich verstecken. Bestenfalls mich verstellen. Wohin fliehen? Dorthin, wo ich ein paar einsame Wanderwege kenne? Gibt es nicht mehr. Ich muss mich immer mit dem fremden Ort meines Daseins auseinandersetzen, auch wenn es mich ankotzt. So wie Irre sich immer mit Psychiatrie auseinandersetzen müssen. Wir müssen Normalität anstreben, wogegen Normale oft etwas Besonderes sein wollen. Uns auf null vorarbeiten, wohinunter andere sich fallen lassen können. Es ist leichter, sich fangen zu lassen, dann muss man sich nicht selbst auf null bringen. Was in meiner Situation an zusätzlicher Kraft und an geschärfter Wahrnehmung nötig ist – was könnte man damit auf der anderen Seite alles erreichen

GEOGRAFIE

GEDICHTE

Geografie

Funken über Land

Summton über Soltau

Masten gegen Norden

Morgen ganz früh

Spanische Grenze

Ende

Felder mit Steinen

Ferne Gebirge

Sonne und Neon

Große Hotels

Glitzernde Vasen

Portugal

Hell ist es über Portugal
Die Jacke auf den Knien
Minus achtundvierzig Grad
Ist das da unten Schnee

Zu manchen Orten führt kein Weg
Zu anderen drei parallel
Es enden welche im Gebirge

Bombay

Archive in Bombay
In noch mehr Hallen
Vergilbte Stapel auf den Böden

Erstickt im Staub, wird dafür
Bezahlen müssen, ja, irrte
Sich in seinem Leben!

Die Bäume

Straße, Bäume
Die hellen sieht man, wenn man
lebt
Die dunklen sieht man, wenn man
lebt

Und öffnete ich die Augen
Das Gerüst des Vogelbaumes

Sven 2000

Immer, wenn ich an ihn denke
Hebt er seinen Kopf im Sarg
Und wenn ich länger an ihn denke
Steht er auf, geht durch die Stadt
Es profitiern die Barbesitzer
Das Geld, es ist fast echt

Geh ich dann woanders hin
Weil Leben winkt da vorn
Muss er in die Kutsche steigen
Die ihn zurück und wieder bringt
Ihn, der alles weiß, dahin
Und müde ist von allem Tod

An dem Weg

An dem Weg da sagt ein Schild
Bis hierhin ist es nicht so wild

Und das Gold

Das Gold regiert die Wold
Wir hätten es nur nicht gewollt
Und seien selber schold

Linie

Das A
Geschah
Jenseits des Willens
A!
Ber das B
Liegt im eigenen
C

Ich fahr durchs Blau
Mein Herz ist schwer
Im Radio singt Hein vom Meer
Grüne Nächte, Tags unendlich
Safran macht den Kuchen länglich

Verkehrt

Das Gesicht
Im Allibert
Verkehrt

Den Raum
Verlies
Au
Der Kurz
Traum

Schneller
Heller
Auf dem Teller
Morgen
Graut

Musik
Sie frisst mich auf
Pappkartons
Tausende

Ging der Sommer

Am neunten Neunten ging der
Sommer
Wolken krachten in der Nacht
Dann der Regen für den Traum
Hellgrau später nasse Reifen
Like the Waves Down on the Beach

Zerrissen das Bild

Der Mond verschwindet
Hinter den schnellen Wolken
Zerrissenes Bild

Haiku

Geparkter Porsche
Es kommen zwei und gucken
Es ist schon dunkel

Dreckbild, 1996

Bei Four Corners, Teec Nos Pos
Ging sechs p.m. ein Sandsturm los
Als ich durch das Lenkrad schaute
Sich ein Bild aus Dreck aufbaute

Dreckbild, Dreckbild
Alle Linien wehen weg
Highway, Highway
Weiterfahrn hat keinen Zweck

Da schalt ich aus den Tempomat
Die kleinen Körner prasseln hart
Zum Ausweichen ist es zu spät
Es fegt dahin, wo du auch gehst

Pick Up Truck kommt mir entgegen
Fährt dahin, wo ich gewesen
Sein Licht ist sofort wieder weg
Jeder bleibt in seinem Dreck

Ein Motel blinkt, ein Reservat
Man ist nicht mehr, der man mal
war
You have a Reservation?
Die Fensterheber quietschen

Traum

Ich sagte zu jemand
In meinem Traum:
Mit sechzig ist der Tod präsent
In vielen Träumen

Er sagte zu mir:
Bitte beachte
Das muss nicht sein
Du musst nur...

Und ich erwachte.
(Bleib allerdings dann
Liegen bis nach achte).

Voll Muscheln von nirgends
Sandburgen
Und Worte da durch, Drainage,
dring, dring!
Alles rückt gerade, es knirscht
gewaltig
Oben ist unten, nicht mal ein
System
Nur Schwerkraft der Tage bis zum
Tod
Genannt die Zeit, die alles heilt

Päckchen

Der Postbeamte Heinz Kapteina
Sprach: Weihnachtspäcken will ja
keiner
An dem Tag, an dem er flog
Garage sich vor Päckchen bog

E revisited

Bist du schneller als das Licht
Gibt's dich nicht.
Alle Spiegel bleiben leer
Kommen da nicht hinterher
E ist gleich MC Quadrat

Einen Faktor man vergaß:
Commander Mc Lane!
Mit siebenfacher
Lichtgeschwindigkeit
Stürzen wir zurück zur Erde

Bier und Traum

Kapitän der Badewanne
Vor einem Jahr kam um die Seife
Nun geht eine neue Zeile

Ebbe Flut auf schrägem Boden
Gedankengut es ging verloren
Vögel kamen angelogen
Wind bei Minden abgebogen

Der Himmel vielerorts ersann sich
schneller größer auf dem Teller
Mein rauer Traum, der Morgen graut
Musik sie frisst mich auf

Lazarus in Mischmaschine
Zeigt auf Kirchturm in Gelee
Doch wenig später brachte
Ein Fischerkahn vor St. Tropez

Das Bier. Das steht jetzt hier.
Es ist das Birr, sagt Cusanus
das uns die Erde krümmen muss
Besonders hier in Trier!

Und auf dem Rücken der Pferde
Bei Schaumburg an der Lippe.
Wo sind wir heut und trinken Bier
In Austin, merkt man gar nicht,
was?

Die Theke könnte aus Bad Boll sein
Und wir, wir könnten reich sein.
Das Bier wird warm in Afrika.
How to do things with beer

Redend zogen wir gleich dem Schiff
dahin
Wollten eins dem Rütmus geben

Wozu gips denn Leben
Diese Udo-Jürgens-Platte
So sprich es vor den Zählern
die da rattern in den Kellern.
Morgen ersma, Brief vom Amt
Mona Lisa, gib mir Gewand

Es kommen durch die Glastür
Zwei dicke Polizeibeamte
Ich betrachte Hosenbeine
Da fängt der Bulle an zu kotzen

Macht die ganze Gegend voll
Zielt auf mich, ich halte ihn
Ihn erfüllt das mit Befremden

Ich war konfus
Siebenmal Typhus
Paris als Summton

Wo mit bloßen Händen Frauen
Blutverschmierte Wannen wischten
Und Züge klapperten vor
Tagesbeginn
Bevor das Gebrüll der Nachbarn
begann.

Short Stories:

Gedichte: